INCONCLUSA SINESTESIA

INCONCLUSA SINESTESIA

Ana Luengo

Valparaíso
EDICIONES

Número 448 de la Colección VALPARAÍSO DE POESÍA
dirigida por FEDERICO DÍAZ-GRANADOS

La financiación de este libro fue posible gracias a una beca del College of Liberal and Creative Arts de San Francisco State University

Diseño y maquetación: Chari Nogales
www.charinogales.com @chari_nogales
Imagen de portada: Niklas Wendler Luengo

Primera edición: septiembre de 2024

© De los poemas: Ana Luengo
© Del prólogo: Mario Martín Gijón

© Valparaíso Ediciones
C/ Fray Leopoldo, 7 Bajo 18014 Granada
www.valparaisoediciones.es

ISBN: 978-84-10073-82-1
Depósito Legal: GR 1317-2024

Impreso en España - *Printed in Spain*
Gráficas Gami

A mi madre,
que fue mi pilar cuando yo crecía y cuando yo criaba

INCONCLUSA SINESTESIA

Podéis abrigar sus cuerpos, pero no sus almas,
pues sus almas habitan en la mansión del mañana,
que vosotros no podéis visitar, ni siquiera en sueños

GIBRAN KHALIL GIBRAN,
EL PROFETA

PRÓLOGO

NOMBRAR EL DESCONCIERTO

Hay realidades que desafían el lenguaje, al fin y al cabo herramienta para comunicar realidades compartidas por sus hablantes, con todo lo que ello tiene de simplificador y previsible, de complicidad y alisamiento, o aislamiento, de las diferencias. El trastorno del espectro autista desafía la representación y la expresión, ya que afecta tanto las áreas del lenguaje como de la socialización y la percepción sensorial. Por ello, algo que marca la vida de millones de personas (las que tienen autismo en distinto grado, y sus familias que viven condicionadas por esa condición) apenas ha tenido reflejo en la literatura, con alguna excepción meritoria, como el poemario *Los lagos de Norteamérica*, de José Daniel Espejo, que refleja la vida del autor con su hijo, niño autista no verbal.

Si ese libro abordaba esa realidad que afecta a uno de cada cien padres y madres, ese destierro de la normalidad y formación de un mundo aparte que se enfrenta a la incomprensión de la mayoría, desde la perspectiva del padre, *Inconclusa sinestesia* lo hace, en otro estilo, seguramente más original, desde la de la madre, que coincide con la autora, Ana Luengo, profesora y escritora española residente desde hace una década en Estados Unidos, donde es profesora en la Universidad Estatal de San Francisco.

De manera paralela a su trabajo de investigación, que se inició con el libro *La encrucijada de la memoria. La memoria colectiva de la guerra civil española en la novela contemporánea*, estudio pionero publicado en 2004, antes de que la "novela de la memoria" se pusiera de moda en España y otros países, Ana Luengo, muy activa en redes sociales, lleva a cabo una encomiable labor de concienciación sobre la diversidad, y hace ya casi una década publicó el libro infantil ilustrado *Lucas tiene superpoderes*, que sirve para explicar el autismo a los niños y que, si se me permite el apunte personal, he compartido con mis estudiantes de Educación Infantil, con recepción muy positiva.

Pero el libro que tiene el lector, o lectora, entre sus manos, es algo mucho más difícil. En una ocasión, la autora me dijo que vivir con un hijo autista, y lo suscribo, puede ser "vivir en el absurdo", y quizás ello es lo que puede hacer de la poesía un camino que, no por poco transitado, puede que sea de los más fructíferos para encontrar un sentido a una realidad en la que perdemos pie. El poemario, breve pero intenso, contiene diecisiete poemas, articulados en cinco secciones: "El desorden de tus sentidos", "Reinventar", "Aprender lo no aprendido", "Yo desde fuera", "El futuro no existe" y "Unos pasos en la escalera (epílogo tres años después)". A lo largo de esta verdadera purga del corazón, la voz poética, la poeta, se dirige a su hijo, como Virgilio se dirigía a su Musa, para cantar o contar cómo es él, "déjame que te cuente", con una petición que es una marca del respeto que algunos padres no cumplen, hablando de sus hijos como pacientes en tratamiento delante de ellos, sin darse cuenta de cómo los hieren. La poeta, por tanto, no es sino una traductora, que pone voz a "tus palabras como estrellas, / tus palabras que se quedan / apresadas en tu boca", con esa mezcla de maravilla y dolor que puede causarnos presenciar cómo experimentan el mundo los autistas. Ellos viven en "otros misterios" que nos resultan, muchas veces, inalcanzables. Esa conciencia, coincidente con ese respeto hacia el hijo y hacia lo desconocido, hace a veces a la poeta dudar de la legitimidad de su empeño por representar esa realidad, pues, se dice, "quién soy yo para inventarla, / mi vida, / si tú estás abocado a ella". Y en ese "mi vida", que es a la vez vocativo dirigido al hijo y fiel reflejo de lo que es la vida de la madre, se puede percibir toda la valentía necesaria para afrontar esta escritura, más cercana a ella que ella misma, tan distante y distinta de lo académico.

Para cualquier persona familiarizada con el autismo, estos poemas le recordarán situaciones tan habituales como difíciles, pues en la convivencia del autismo, la repetición no facilita las cosas y uno, una, puede vivir en un extrañamiento que, por más que sea algo valioso en la literatura como sabemos desde Viktor Sklovski, resulta agotador en la vida real, donde se acaba anhelando un poco de normalidad, de previsibilidad. Así, una toalla verde puede herir al hijo, una prenda de ropa de color naranja provocar un "dolor infernal", una lámpara amarilla hacer cosquillas, un espejo sonar azul. De ahí que sea la sinestesia, ese aplicar a un sentido las cualidades normalmente asociadas a otro, el *leitmotiv* de estos poemas. El andar de puntillas, las estereotipias como el aleteo de mover las manos "como batiendo el viento", el verse "apabullado por el gentío / que no hay", el entrar en crisis que hacen gritar "con un pavor / que te clava mil miradas" de incomprensión e irritadas, todo ello es el pan de cada día de los padres y madres con un hijo autista.

Tener un hijo herido es un rayo que no cesa, algo que marca, "esa arruga en mi ceño ya indeleble", y una carga que, frente a la vida, alegre o triste, centrada en sí misma, que llevan los sin hijos, nos obliga, como dice la autora, a "mantener de alguna forma / algo de cordura", sin poder caer en la locura de otros poetas. Este poemario trata del hijo pero también de la madre, que reconoce haberse hundido "en el peor de los tormentos" y haber visto cómo se rompían en el aire "todas las ilusiones que me atreví a tejer". La sobriedad con la que lo enuncia hace aún más emocionante estos poemas largos, en verso libre, liberado de cualquier artificio, y que no teme a lo diminutivo ni a lo sentimental, ni a la interjección ni a lo descriptivo que alcanza una poeticidad inesperada, como cuando habla de ese "ser madre aprendiendo a recortar cartulinas, / a plastificar las cartulinas, / a ordenar esas cartulinas. / Ser madre con las manos". Los dichosos pictogramas, tan familiares para desarrollar la lectoescritura en estos niños que son excepcionalmente visuales. O esa búsqueda de respuesta tan frustrante, de niños que nos rehúyen, y por lo que "tu mirada un instante es el mejor de los regalos".

Una vez oímos a una terapeuta, refiriéndose a los niños con autismo, explicar que "a ellos hay que enseñárselo todo", y de ahí la insistencia, a lo largo del poemario, en la idea de reinventar la realidad, pero también de reinventarse, la propia poeta, como madre. La mera integración sensorial, como la reinvención del mundo, tienen un sabor a poético, y no por nada, he pensado muchas veces, a las palabras "artista" y "autista", solo las separa una letra, "a(r/u)tista", podría decir, si se me permite usar aquí mi estilo poético. Quien lea este libro se verá, sin duda, sacudido, al acompañar a la autora en un trayecto imprevisto cuando "planeábamos la vida", un trayecto inconcluso, lleno de incertidumbres, pero también lleno de sentidos inesperados, y de belleza.

MARIO MARTÍN GIJÓN
CÁCERES (ESPAÑA), MARZO DE 2024

INCONCLUSA SINESTESIA

EL DESORDEN DE TUS SENTIDOS

1.

Déjame que te cuente
tus palabras como estrellas,
tus palabras que se quedan
apresadas en tu boca.

Déjame que cuente una sola palabra
como quien cuenta la luna,
una palabra que pueda
devolverme por un instante
el sentido de estar aquí,
los dos sentados
con el aire comprimido.
No pasa nada.
No pasa nada más que el grito de la peonza,
de la rueda de goma,
del goteo de las agujas,

como un reloj estrangulado (robé la metáfora, lo siento,
        pero yo tampoco fui a Granada).
Y repito, luna luna luna
sol sol sol
cielo cielo cielo.
Pero tus ojos que me dicen que no,
que no entienden
que no oyen
que no ven
que no oyen ni ven

lo que yo creo que está ahí.
Que ven y oyen
otros misterios,
quizá.

2.

El misterio de tus sentidos.
El misterio de tus sentidos me hace huir de la sinestesia,
quién soy yo para inventarla,
mi vida,
si tú estás abocado a ella.
La sinestesia, hermosa palabra,
herramienta de poetas
desde que el mundo es mundo.

Bah,
tonterías, creyeron que inventaban
algo nuevo e inexplorado.
Ingenuidad absoluta
y una terrible arrogancia.

3.

La toalla verde que te hiere,
la lámpara amarilla que te hace cosquillas,
el espejo que suena azul,
el sonido del espejo
que multiplica tu rostro de duende.
Tu risa descontrolada
por un silbido a lo lejos
como un niño ebrio de sus sentidos
que avanza por las calles
de puntillas
sin nombre, perdido, solo,
apabullado por el gentío
que no hay,
por el perro que orina
tsunamis y peces,
por las hojas de los árboles
que amenazan con caer con estrépito.
Ocre acre amarillo nauseabundo,
mientras la vieja de la esquina
cuenta sus cuentos
en un idioma incomprensible,
y las monedas le taladran las rodillas mugrientas
y tú te tapas los oídos
porque las monedas te taladran a ti tus oídos,
tus sentidos,
y gritas con un pavor
que te clava mil miradas
desdeñosas, displicentes,
enervadas,
mientras tú,

despavorido, miras hacia el cielo.
Yo te doy la mano,
cómo salvarte de lo desconocido.
Pero tú huyes de mí.
Qué tontería.
Nunca de mí.
Huyes del remolino amenazante
—tu remolino tuyo e intransferible—
al que de nuevo has sucumbido.

4.

Turquesa. Dices.
Turquesa, turquesa, turquesa.
Turquesa es el cielo,
¿Verdad, mamá?
Turquesa es mi corazón
y el color de tus ojos.
No, hijo, tengo los ojos negros.
No, madre, turquesa, turquesa, turquesa.

5.

Los temores que te acechan
quisiera que fueran míos.
Los temores que te acechan
te derrumban,
te arrancan gritos de cuajo
y risas desarticuladas.
Mueves las manos como batiendo el viento,
giras los ojos sin poder fijar la mirada,
te sacudes como si un millón de hormigas
te surcaran el cuerpo.

La bañera, demasiado vacía,
la espuma, nunca uniforme,
la lluvia que hiere tu piel
aun debajo de esa ropa de invierno,
en plena primavera.

Horror, ropa naranja,
dolor infernal,
el azul de la nieve gritando en tus calcetines,
aquel invierno que no paró de nevar.

6.

El frío cortante del chocolate que te preparé
a fuego lento una tarde de otoño
que llovía como siempre,
y tu abrigo goteaba impasible a tu sudor.
Y la porcelana rota contra la pared
ya nunca blanca
que te hirió la memoria y la garganta.
Las migas esparcidas por el cuello de tu camisa
que se deslizan crueles
buscando el hueco de tu ombligo.
Los botones,
los botones que hieren y que te atacan.
La voz de tu dulce hermana al despertar.
Mi mirada preocupada.
Esa arruga en mi ceño ya indeleble.
Mentí, no quiero que tus temores sean los míos.
Quiero que tus temores se disuelvan
desaparezcan
dejen de ser, para siempre.
Yo debo mantener de alguna forma
algo de cordura.

7.

Y yo que creía que el mayor misterio
era el de la Santísima Trinidad.
Ja ja ja.

REINVENTAR

1.

Me gusta cuando hablas porque estás presente.
Qué estupidez la del poeta
que cree que la ausencia es hermosa,
que el silencio es la ausencia que es hermosa.
Eso no es amor, ¡eso sólo es poesía!
El silencio en todas sus variaciones.
El silencio no existe,
el silencio de una moneda que cae y recae,
el silencio de una silla que se mece,
de una rueda de goma que gira y gira
y de la cortina que se bate como un ala,
que tú bates como un ala
con tus dedos de tres años,
y tu mirada risueña que yo no puedo atrapar.

El silencio de tus labios formando palabras imposibles,
palabras en silencio que parecen pompas de jabón,
pompas que intento atrapar
mientras me hundo en el peor de los tormentos,
mientras veo que se rompen en el aire
todas las ilusiones que me atreví a tejer.

2.

Las ilusiones de tener un hijo:
Hará, se llamará, le gustará.
Decimos:
Le compraré esa camiseta del Barça,
le llevaré a un concierto,
tocará el violín, pero ¿qué dices?
La guitarra.
Le leeré los cuentos de mi infancia.

Las ilusiones de tener un hijo
que se disuelven con el grito negro
de un cuervo,
boca abierta y ojos aterrados.
Las manos pidiendo ayuda
mientras me pegan y arañan y sudan,
y los golpes que los barrotes le dan a su cabeza.
Malditos barrotes que quieren herir a mi hijo.
Herir su cabeza de tres años,
de mi vida, de mi sangre, de mi niño.

¿Qué le pasa al niño?
Me preguntaba la vecina curiosa y cotilla al pasar
¿qué le hacéis al niño?

La soledad de tener la respuesta
pero no poder darle una palabra.

3.

Y aparece la palabra.
La palabra que me deja ser madre de nuevo,
aprender a ser madre
que no es lo mismo
y no es igual.
Claro que no es igual
ser madre recortando cartulinas,
ser madre aprendiendo a recortar cartulinas,
a plastificar las cartulinas,
a ordenar esas cartulinas.

Ser madre con las manos,
que son palabras como pombas de jabón
que me rozan los labios
una y otra vez hasta agrietar el cielo de mi boca.
Coche coche coche coche,
y el silencio de las ruedas que giran entre tus tibios
dedos
y tu mirada encogida y lejana.
Coche coche coche coche coche coche coche coche coche co.
Intentando atrapar tu mirada un instante.

4.

Tu mirada un instante es el mejor de los regalos.
Tu mirada que salta de espacio en espacio
como una ardilla risueña.
Tu mirada que se choca con la mía
y saltan chispas
y mi corazón se acelera.

El silencio de mi corazón cuando se acelera
y tu mano que se tiende otro instante.
Y no me acaricia,
no me acaricia pero la siento.
Ay cómo la siento tan cercana y tan cálida
como aquellos primeros rayos de sol de mi infancia,
el sol mediterráneo que me hacía cerrar los ojos.
Ver puntitos de luz somnolientos,
bañarme de un cosquilleo que tú, hijo,
sólo tú puedes devolverme
en ese instante.

5.

Ser tu madre, hijo,
es reinventarme el mundo la vida
el amor.

APRENDER LO NO APRENDIDO

1.

Cómo aprender lo no aprendido.
Cómo aprender a ser madre
de nuevo
si yo aprendí contigo.
Si conseguí inventarme algo que dicen
que es un instinto.
Claro, y qué instinto había para ti
que se olvidaron de programar en mi sistema
de madre impoluta y maravillosa.
Planeábamos la vida.
La vida que sería, que nos daría.
La vida contigo y con tu hermana.
Tu hermana que me mira con esa mirada
seria, serena, a veces un reproche,
normalmente socarrona,
como si me leyera.
¿Puede ser, hija?
La niña de mis ojos
de mis ojos de niña.
Risueña,
cálida,
dulce y tan bonita.
Tan bonita,
tan bonita.
Tan bonita
que me da miedo,
como si su sonrisa infantil

su caminar infantil
su juego infantil
su habla infantil
fueran uno de esos encantamientos
en los que nunca he creído.
La normalidad como algo extraordinario
y efímero.
Mamá, estás triste,
tú no te preocupes,
que yo estoy contigo.
Me acaricia a veces,
y yo esbozo esa sonrisa
que deseo brillante,
dientes brillantes,
labios tersos,
anuncios metidos en mi mente
del siglo veintiuno,
y ella me reprende.
No, madre, no sonrías así.
Quiero verte una sonrisa de verdad.
Y me acaricia la cara.

2.

Nunca lo creerías,
pero un año de mi vida no existe,
por lo menos, no existe más que en un sueño
hecho retazos de sus instantes.

Nació de mí,
la quise con tanto miedo,
con tanto miedo de quererla tanto
como a ti te había querido,
límpida e ingenuamente.
Ese buscar lo inexistente en su mirada,
ese darle un significado nuevo
a cada gesto, a cada movimiento,
a cada balbuceo.
Por favor, por favor,
que mi preciosa niña...
Y no te atreves a decir qué,
a decir más.
Nunca creí en encantamientos,
pero quién sabe
quizá.
Haberlos haylos.
Vade retro, temor.
Última forma de amar.

YO DESDE FUERA

Y si tú tienes tu remolino
que te apresa y te desmonta,
desmadejados pasos de payaso descompuesto.
El remolino de la impaciencia
me maltrata a mí.
Me veo desde fuera.
No grites,
me digo.
Te digo, madre,
madre que debe ser una madre
perfecta, amorosa, paciencia.
Otra ilusión rota,
porque no lo logro
a pesar de las promesas, reflexiones.
Palmaditas en la espalda.
Calla,
me oigo gritar,
y no puedo parar.
Calla, no grites, no chilles,
no tires, no golpees.
No te grito a ti, hijo,
no te grito a ti,
grito al absurdo que te posee.
Me grito a mí,
pero escribir sobre esto es lo más doloroso.
Quién soy yo para contener ese absurdo
si yo misma me pierdo
en el llanto

en el grito
en la rabia.

Tu hermana cruza entre nosotros
cargada con todas sus pertenencias:
La bolsita de *hello kitty*, el peluche azul,
el disfraz de pato amarillo.
Hija, ¿tienes miedo?
Le pregunto a tu dulce hermana.
No, mamá, yo juego con mis muñecos.
Desde sus tres años y su mirada serena.
Él no es malo, mamá.
Me recuerda con una sabiduría que ya quisiera yo tener.
Él no es malo, madre.
Él tiene un algo que.
Sus manos alejando las palabras.
A veces me pregunto
qué se debe sentir cuando tu mejor amigo
—míralos cómo juegan con sus animales,
con sus cuentos,
con sus lápices de mil colores que mezclan,
que caen al suelo y repiquetean,
míralos cuando bailan agarrados de las manos
canciones que yo no conozco
en su idioma
que no es el mío—.

Qué se debe sentir cuando tu mejor amigo,
digo,
sin razón aparente,
grita y boquea,

y lanza y bloquea.
¿Qué se debe sentir?
Mi dulce hija calla,
calla con toda su fuerza,
enfurruñando su rostro dulce de
¡yo no soy una princesa!
Y corre a su refugio infantil
arrastrando sus tesoros
hechos en la China
—pero eso ella aún no lo sabe.
Un dormitorio con una cama,
una cómoda,
una estantería.
La puerta tras ella.
Plam.

Y yo me quedo sola.
Con los gritos
las peleas
las patadas y tu saliva como una polilla en mi ojo.
No grites,
quiero susurrar,
pero te grito yo misma.
No grites, no grites, no grites.
La leche desparramada,
la pared parda,
el cojín roto.
Yo misma me tapo los oídos
los ojos
las manos
los sentidos

el corazón.
Quién pudiera recordar
ese primer instante:
tu cuerpo desnudo saliendo del mío,
tu mirada recién estrenada encontrando la mía.
Tu sonrisa de dos días.
No puede ser
Ana,
los bebés no sonríen con dos días.
¿Sonreír? ¡Y tú reías!

Bajo las manos, abro los ojos
y te veo en tu sufrimiento
inalcanzable.
Tranquilo, tranquilo, tranquilo,
susurro.
Susurro.
Susurro.
Y la mancha en la pared
que lo cubre todo
implacable.
Y tú pidiéndome ayuda entre mis brazos
tan solo,
y tan desesperado
como perdido en un mercado
en llamas
a las doce del mediodía.
Y sí, ahora
sí, creo que ahora soy de nuevo tu refugio.
Qué remedio nos queda.

EL FUTURO NO EXISTE

Y si fuera necesario entender más cosas
ahí está el grafitti:
El futuro no existe.
Una puede agarrarse a un clavo ardiendo
y ardiente que quema
y nos dice que sí.
Pero y yo qué sé.
El futuro no existe
mientras no exista el presente.
Lugar común,
vana banalidad:
San Agustín
y los Sex Pistols,
así de irónica llega la sabiduría
a una cabeza tan desamueblada como la mía.
Y me cuesta tanto aprender.
El presente de mi hijo
con sus pasos en puntillas
avanzando
hacia
yo qué sé.
Tú tampoco lo sabes.
Y yo de su mano,
si me deja,
que no siempre me deja
¡soy mayor!
Suelta esa mano

y déjame.
Y sí.
Le debo dejar
con mi mano congelada en el aire
como un gesto que peina
el remolino de esa sombra.
Y ahí me quedo
esperando
deseando
soñando
temiendo que todos esos monstruos
de mi imaginación goyesca
me destripen y destrocen
las entrañas.

Las entrañas donde empezó todo
cuando éramos ay tan felices.
Nadie me dijo que fuera a ser fácil,
pero tampoco me dijo nadie
que fuera a ser tan terriblemente hermoso
que tú fueras mi hijo
y me amaras como me amas.

UNOS PASOS EN LA ESCALERA
(EPÍLOGO TRES AÑOS DESPUÉS)

Y mientras releo estos versos,
que escribí y reescribí tantas veces
cuando no sabía cómo hablar de todo esto,
cómo hablar de todo esto que pasó y que aún pasa,
te oigo pintar en el piso de arriba y canturrear.
Estamos solos en casa.
Pienso en aquel entonces,
cuando entró la palabra autismo en nuestras vidas
y todo comenzó a girar en torno a algo tan desconocido
que había venido para quedarse y desbaratarme la vida,
pensaba.
Y yo no tenía palabras para hablar sobre ello,
encerrada en mi propio dolor,
en mi propia rabia,
en un miedo que me crecía en la boca del estómago
y devoraba cualquier atisbo de felicidad.
Pero la vida pasa, tozuda, y se encuentran soluciones,
y el refugio de la poesía, que está.
Y ahora,
que parece que ha pasado una eternidad,
pienso en la voz poética
—qué lujo pensar en esas cosas
y no actuar sin pensar—.
Y pienso en que la poeta no es la voz poética,
pienso que son tonterías que enseño porque las debo
enseñar,
que una siempre es esa voz

y todas las demás,
que una es y ha sido y será muchas veces muchas voces,
aunque mientan e inventen y cuenten sílabas
o decidan narrar
algo que no es o que fue o que podría ser.
Eso da igual.

La voz surge en un momento de necesidad lírica,
vital, existencial, moral o simplemente material.
Y, de repente, oigo esos pasos que se acercan,
que saltan peldaños, y la puerta que se abre,
y tu sonrisa que me apresa,
y tus papeles pintados que desordenan
    mis propios papeles,
como un diablillo risueño que ha venido a poner patas
    arriba mi vida disciplinada y planificada.
Sin decir nada,
sin decir una sola palabra,
te acercas a mí y me besas en la mejilla.
Simplemente así.
Un beso en la mejilla
—el primero fue cuando tenías tres años y tres meses y
    dieciocho días y quince horas de vida—.
Y yo, sentada al ordenador pensando y metapensando,
te devuelvo la sonrisa.

Escena cotidiana ya.
Tus besos, tus palabras, tus chistes, tu vitalidad.
Tu mucha y a veces demasiada vitalidad en círculos
    que cepillan el pasto
y el parqué de mi casa.

Nuestras conversaciones desconexas y cómplices,
como lo son tus juegos con tu dulce hermana.
Las peleas infantiles.
Vuestra lengua que me deja fuera.
Somos un equipo, me dices.
Y pienso en que tu voz poética es más bien futbolística,
y me echo a reír.

Te giras y te vuelves a ir corriendo a tus lápices,
y a tus papeles y a tus canciones y a tu mundo infantil.
Y yo me quedo aquí, por un instante congelada,
y pienso de nuevo en la voz poética.
Y pienso en si vale la pena todo esto.
Y, aunque no lo sé, me atrevo:

Inconclusa sinestesia,
escribo.

Y apago el ordenador.

ÍNDICE